UNSER TAG AM MEER

Text und Illustrationen: Noëlle Smit
Aus dem Niederländischen von Elena Langner

1. Auflage 2025
ISBN: 978-3-95939-238-9
© Bohem Press GmbH, Hafenweg 30, 48145 Münster, Deutschland
www.bohem-verlag.de
Originalausgabe mit dem Titel „Aan Zee" erschienen 2022 bei Em. Querido's Uitgeverij,
Weteringschans 259, 1017 XJ, Amsterdam, Niederlande.

Alle Rechte vorbehalten, auch auszugsweise.

Gedruckt auf Papier aus verantwortungsvollen Quellen in Europa.

Dieses Buch wurde mit finanzieller Unterstützung
der niederländischen Literaturstiftung ermöglicht.

Nederlands
letterenfonds
dutch foundation
for literature

FSC
MIX
Papier | Fördert
gute Waldnutzung
FSC® C008322

UNSER TAG
AM MEER

Noëlle Smit

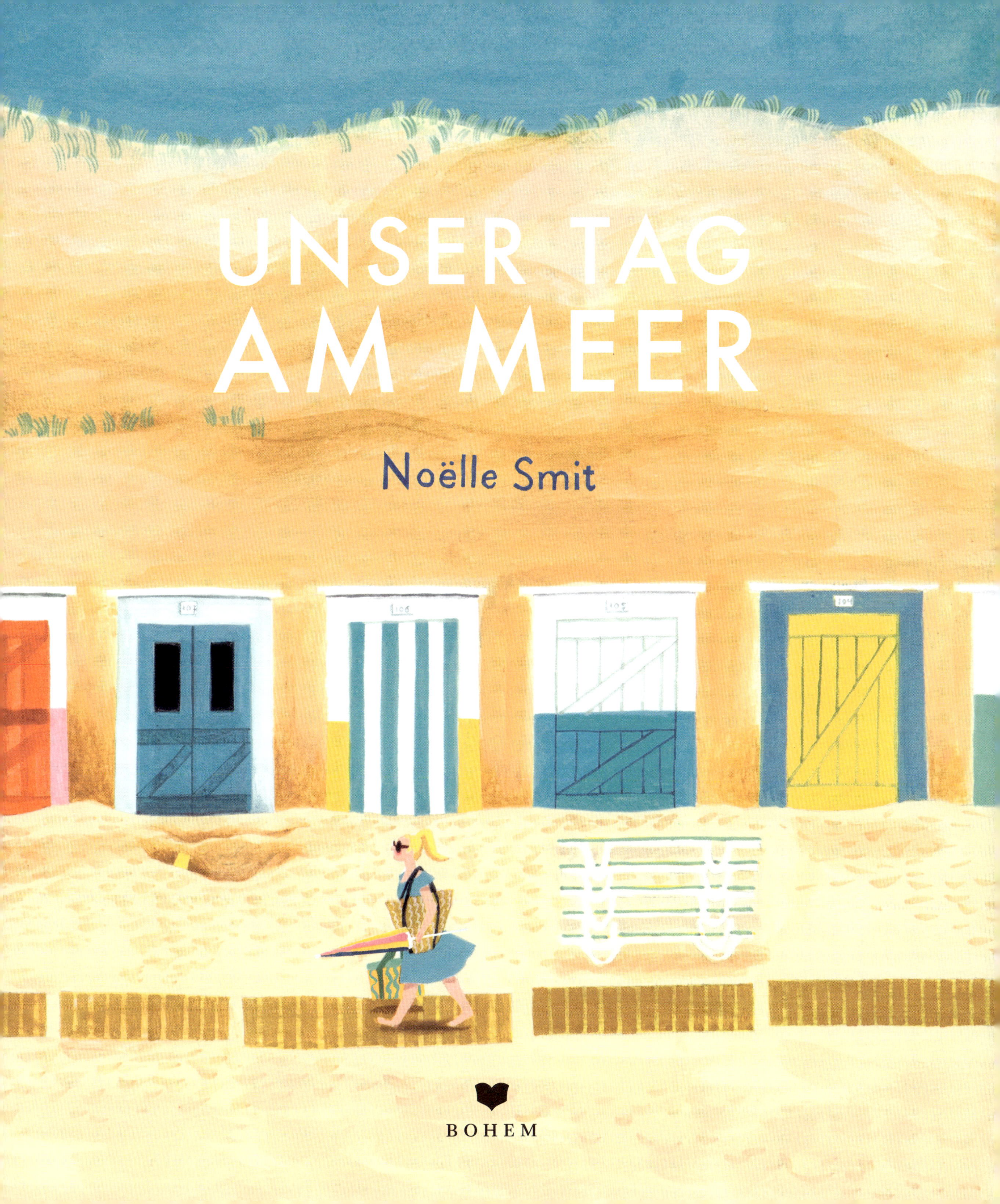

BOHEM

Heute sind wir ans Meer gefahren. Schau mal, was hier alles angespült wurde!

Komm, wir gehen schwimmen! Wollen wir in die Wellen springen?

Etwas weiter draußen im Meer kann man gut tauchen und schnorcheln.

Kurz abtrocknen. Wer möchte ein Stück Melone essen?

Lass uns eine Sandburg bauen!

Wir spielen Verstecken. Eins, zwei, drei, vier Eckstein, alles muss versteckt sein!

Mmmh, Regenbogeneis ist mein Lieblingseis!

Jetzt haben wir Ebbe. Das Meer ist nun weiter weg.

In den Dünen ist es weniger windig. Hast du schon meinen Drachen gesehen?

Es wird Zeit einzupacken. Haben wir auch nichts vergessen?

Der Sand ist so heiß! Ein Glück, dass wir über die Holzbretter laufen können.

Fahren wir morgen wieder ans Meer?

MIT
FREDDI
DURCH DIE
OZEANE

MIT
FREDDI
DURCH DIE
OZEANE

geschrieben von
Catherine Barr

illustriert von
Brendan Kearney

Laurence King Verlag

INHALT

TAUCHE EIN!

Hallo, ich bin Freddi! Willkommen zu meiner Tour durch die Ozeane unseres Planeten! Wir Meeresschildkröten leben schon seit über 100 Millionen Jahren in diesen Gewässern – es ist ein wahrlich magisches Zuhause! Bist du bereit, mich auf eine Reise durch meine Welt zu begleiten? Dann los!

Wasser, überall Wasser

Der Planet Erde ist vom Weltraum aus so blau, weil seine Oberfläche zum größten Teil aus Wasser besteht. Unser Planet ist der einzige, der flüssiges Wasser hat, und es schwappt schon seit fast vier Milliarden Jahren um den Globus. Es bestimmt unser Klima und unser Wetter, und was am wichtigsten ist: die Ozeane machen das Leben auf der Erde erst möglich.

Sprudelndes Leben

Das Leben begann durch Zufall in den dunklen Tiefen der Ozeane, und zwar in sprudelnden, kochend heißen Unterwasser-Vulkanen, in denen die Zutaten für das einzig bekannte Leben im Universum steckten. In den vielen Millionen Jahren, die folgten, entwickelte sich diese erste, winzige Zelle schließlich zu all den unterschiedlichen Pflanzen und Tieren in den Ozeanen, an Land und in der Luft.

Die Luft, die wir atmen

Zuerst gab es überhaupt keinen Sauerstoff in der Luft. Aber vor über drei Milliarden Jahren begannen winzige schwimmende Pflanzen (das sogenannte Phytoplankton), die Wärme der Sonne zu nutzen, um ihre eigene Energie zu erzeugen. Dieser Prozess nennt sich Fotosynthese und erzeugt Sauerstoff. Heute produzieren diese Pflanzen mehr als die Hälfte des Sauerstoffs, den wir atmen.

UNSERE OZEANE

Die Ozeane haben sich erst Hunderte von Millionen Jahren nach der Entstehung der Erde mit Wasser gefüllt. Heute sind die Ozeane alle zu einem riesigen, salzigen Weltmeer miteinander verbunden.

Wie alles begann

Als die Erde entstand, stand sie in Flammen! Kochende Lava strömte aus explodierenden Vulkanen, und dickes, gelbes, giftiges Gas hing in der Luft. Es gab überhaupt kein Wasser, und die Temperatur betrug fast 2.000°C.

Mit der Zeit begann sich jedoch die Oberfläche der Erde abzukühlen. Als die Temperatur auf unter 100°C sank, bildete der aus den Vulkanen austretende Dampf Wassertropfen am Himmel. Diese Tröpfchen wurden zu Wolken, und es begann zu regnen. Es regnete Tausende von Jahren, und so begannen sich die Senken und Becken auf der Erde zu füllen.

Das ist aber nur die halbe Geschichte. Das restliche Wasser in den Weltmeeren kam wahrscheinlich aus dem Weltraum. Die frühe Erde wurde mit Eis- und Gesteinsbrocken (Kometen) bombardiert, die auf ihre Oberfläche einschlugen. Das Eis schmolz, überflutete den Globus und trug zur Entstehung der Ozeane bei, in denen wir heute schwimmen.

Warum so salzig?

Das Salz im Meerwasser stammt von Steinen an Land. Wenn es regnet, plätschert der Regen über die Steine und trägt salzige Partikel in die Flüsse, die ins Meer fließen, wo sich das Salz sammelt. Wenn das Meerwasser verdunstet und Wolken entstehen lässt, bleibt das Salz zurück, weshalb das Meer salzig bleibt.

Nordamerika

DER ATLANTISCHE OZEAN

DIE SARGASSOSEE

Südamerika

DER PAZIFISCHE OZEAN

Die fünf Ozeane

Es gibt fünf Ozeane, die durch Kontinente getrennt, aber alle miteinander verbunden sind. Kleinere Gewässer, die teilweise oder komplett von Land umschlossen sind, heißen Meere. Einzige Ausnahme: die Sargassosee, die nur von den Strömungen des Atlantiks umspült wird.

DER ARKTISCHE OZEAN

Europa

Asien

Afrika

DER INDISCHE OZEAN

Australien

DER SÜDLICHE OZEAN

Antarktis

WARUM OZEANE WICHTIG SIND

Wenn du schon einmal mit einem Boot unterwegs warst oder getaucht bist, wirst du wissen, dass das Leben in den Ozeanen ein großes Abenteuer ist. Aber es geht nicht nur darum Spaß zu haben, wir sind auch auf diese Gewässer angewiesen, um zu überleben. Sie produzieren nicht nur den größten Teil des Sauerstoffs, den wir atmen, sondern ernähren auch Milliarden von Menschen, nehmen die Wärme der Sonne auf, halten unser Klima im Gleichgewicht und liefern erneuerbare Energie für das Leben an Land.

Welternährer

Von kleinen Fischereien für lokale Gemeinden bis zu gigantischen Schiffen, die tonnenweise Fisch für Millionen von Menschen fischen – die Ozeane helfen, die Welt zu ernähren. Viele Schiffe verwenden jedoch schädliche Fangapparaturen und fangen zu viele Fische. Das bedroht die Nahrungskette und damit das Leben in den Ozeanen. Nur durch nachhaltigen Fischfang wird es möglich sein, die Welt weiterhin mit Fisch zu versorgen.

Klimakontrolle

Unser tägliches Wetter an Land – aber auch das gesamte Weltklima – wird durch die Ozeane reguliert. Sie nehmen den größten Teil der Sonnenwärme auf und wälzen sie um die Welt, indem sie die Wärme vom Äquator in Richtung der beiden Pole transportieren. Dies trägt dazu bei, die Temperaturen in den Tropen zu senken und an den Polen zu erhöhen.

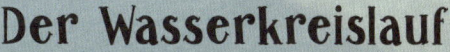

Der Wasserkreislauf

Unser Klima hängt auch von der Bewegung des Wassers zwischen den Ozeanen und der Luft ab. Die Sonne erwärmt Eis und Schnee, das in die Ozeane, Seen und Flüsse schmilzt. Wenn sich dieses Wasser erwärmt, verdunstet es und steigt in die Luft auf, wo es zu Wassertropfen kondensiert, die wiederum Wolken bilden und als Regen zurück zum Boden fallen. Das ist der Wasserkreislauf, der das Leben auf der Erde ermöglicht.

Kohlenstoffsenke

Die Ozeane werden als „Kohlenstoffsenken" bezeichnet, weil sie Kohlendioxid aus der Luft saugen und in die Tiefe sinken lassen, wo es bleibt. Indem die Ozeane dieses Treibhausgas aus der Luft entfernen, tragen sie aktiv dazu bei, die Auswirkungen des Klimawandels zu verringern, der durch den Anstieg des Kohlendioxidgehalts verursacht wird.

CO_2

Lebensretter

Unsere Ozeane retten Leben! Durch ihre Erforschung können Wissenschaftler Tsunamis und Erdbeben vorhersagen, sodass sich die Menschen auf diese Naturereignisse vorbereiten und vor Gefahren fliehen können. Ebenso wird eine riesige Anzahl von im Meer lebenden Arten, wie Algen, zur Heilung von Krankheiten eingesetzt.

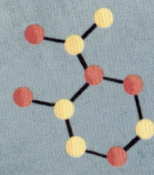

Und das ist erst der Anfang!

Wir wissen immer noch sehr wenig über die Ozeane. Über 90% ihrer Tier- und Pflanzenwelt ist uns nach wie vor ein Rätsel, und im Gegensatz zur Landmasse wurde bisher nur ein winziger Teil des Meeresbodens detailliert kartiert. Die Erforschung der Ozeane ist also eine ziemlich aufregende Sache, denn es gibt noch viel zu entdecken!

DER PAZIFISCHE OZEAN

Der Pazifik erstreckt sich zwischen Asien und Australien auf der einen und Nord-, Mittel- und Südamerika auf der anderen Seite. Er ist so groß, dass er mehr Fläche bedeckt als alle Kontinente zusammen. Er ist die Heimat des Mariannengrabens, der an seiner tiefsten Stelle auf fast 11.000 m abfällt.

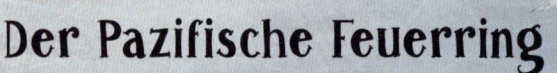

Der größte Ozean von allen.

Heftige Wirbelstürme

Im Pazifik entstehen einige der stärksten Wirbelstürme der Welt. Gespeist von der Energie des warmen Meereswassers, schrauben und drehen sich diese tropischen Stürme über den Ozean und können Häuser und Lebensräume zerstören, sobald sie die Küsten erreichen.

Der Pazifische Feuerring

Die meisten Vulkane auf diesem Planeten befinden sich im Pazifik. Sie bilden einen Ring um das Pazifische Becken, weshalb sie Feuerring genannt werden. Ihre vulkanische Aktivität sorgt dafür, dass der Meeresboden instabil ist. Seebeben können entstehen und in gigantischen Wellen – Tsunamis – auf das Land zurollen und schreckliche Zerstörungen verursachen.

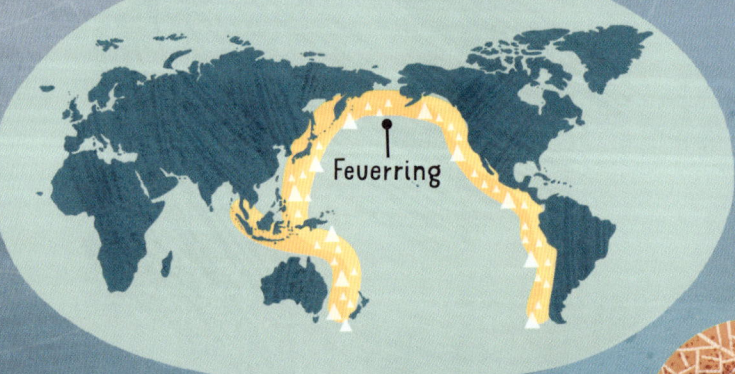

Feuerring

Tropische Inseln

Die meisten Inseln der Welt liegen im Pazifik.
Es gibt sogar ganze Inselketten wie Japan,
das über 6.000 Inseln zählt, oder Indonesien
mit über 17.000 Inseln.

Great Barrier Reef

Im Pazifik befindet sich das größte Korallenriff der Welt:
das Great Barrier Reef. Dieses geschützte Gebiet ist so
groß, dass man es vom Weltraum aus sehen kann. Es
beherbergt eine einzigartige Tier- und Pflanzenwelt.
Es ist wie ein Regenwald unter Wasser.

DER ATLANTISCHE OZEAN

Der Atlantik ist s-förmig, mit Amerika auf der einen, Europa und Afrika auf der anderen Seite. Am Meeresboden verläuft die längste Gebirgskette der Welt: der Mittelatlantische Rücken. Der Atlantik ist der zweitgrößte und salzigste Ozean, in den einige der längsten Flüsse fließen (Amazonas und Mississippi).

Grönland

Mittel-atlantischer Rücken

Der zweitgrößte Ozean von allen.

Handel und Reisen

Der Atlantik war jahrhundertelang der befahrenste Ozean der Welt. Der italienische Seefahrer Christoph Kolumbus segelte über den Atlantik, um eine neue Handelsroute für das Gold und die Gewürze Asiens zu erschließen – und landete stattdessen in Amerika. Bis heute liegen einige der größten Handelshäfen und Hafenstädte der Welt am Atlantischen Ozean.

Inseln im Atlantik

Grönland, Island, die Britischen Inseln und die Bahamas sind Inseln im Atlantischen Ozean. Einige, wie Island, gingen aus Unterwasser-Vulkanen hervor, während andere, wie Grönland und die Britischen Inseln, Teil eines größeren Kontinents waren, der auseinanderdriftete.

Die Britischen Inseln

Island

Der Golfstrom

Wind und Wetter

Der Golfstrom ist eine schnelle, kraftvolle atlantische Strömung, die Europa wärmt. Er fließt von Mexiko aus an der Küste Amerikas entlang, bevor er seine Wärme über den Atlantik nach Europa bringt. Ohne diese Meeresströmung wäre es in Europa sehr kalt! Der Golfstrom ist Teil eines riesigen Förderbandes aus starken Strömungen, die enorme Wassermassen rund um den Globus tragen. Diese Strömungen formen das Wetter an Land und bringen Regen und Wärme.

DER INDISCHE OZEAN

Der Indik liegt südlich von Asien zwischen Afrika und Australien. Er beheimatet zwar viele Pflanzen und Tiere, doch leben hier weniger Arten als in kälteren Gewässern. Im Sommer steigen feuchte Winde aus dem Ozean auf und ergießen sich als sintflutartiger Regen über das Land. Diese Monsun-Winde ändern im Winter ihre Richtung, kommen dann vom Festland, und bringen Trockenheit und Dürre.

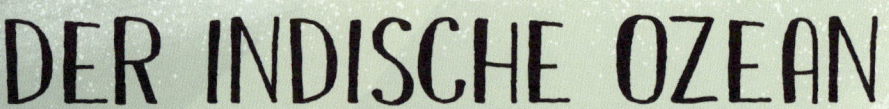

Der wärmste Ozean von allen.

Weniger marine Arten

Im Indik tummeln sich weniger Meeresbewohner als in allen anderen Ozeanen. Das liegt daran, dass die winzigen Meerespflanzen (Phytoplankton), die die Nahrungskette der Ozeane unterstützen, sich in warmen Gewässern nicht wohl fühlen. Sie gedeihen besser in kalten, und noch besser in polaren Gewässern, in die es viele Meeresbewohner auf ihren Wanderungen zur Futtersuche zieht.

Ein Meer voller Unterwasser-Vulkane

Im Indischen Ozean wurden riesige Gebiete mit heißen Unterwasser-Vulkanen entdeckt. An diesen Orten trifft Meerwasser auf rotglühende Lava, die aus der Erdkruste dringt und in hohen Vulkanschloten aufsteigt, um die es von einzigartigen Lebensformen nur so wimmelt.

Steigende Meere und Koralleninseln

Mit der Zeit können Korallenriffe so groß werden, dass sie die Wasseroberfläche erreichen. So entstehen neue Inseln. Diese Koralleninseln, wie die Seychellen und die Malediven, liegen so tief, dass sie durch den Anstieg des Meeresspiegels bedroht sind, da der Klimawandel das Polareis zum Schmelzen bringt.

Gefährdete Arten

Obwohl der Indische Ozean weniger bevölkert ist als die anderen Ozeane, leben hier immer noch viel Arten, wie wir Meeresschildkröten, Dugongs, Pinguine und Haie. Leider sind viele Arten bedroht. Blauhaie, Seidenhaie, Tigerhaie, Bullenhaie und riesige Silberspitzenhaie werden illegal bei der Thunfisch-Fischerei gefangen und stehen kurz vor dem Aussterben.

DER ARKTISCHE OZEAN

Der Arktische Ozean, ganz oben auf der Erdkugel und rundum von Land begrenzt, ist der kleinste Ozean der Erde. Er bedeckt den Nordpol und besteht hauptsächlich aus einer gefrorenen, etwa drei Meter dicken Eisschicht. Diese riesige weiße Eisfläche reflektiert viele Sonnenstrahlen, was wichtig ist, da das dazu beiträgt, den Planeten kühl zu halten. Das Eis schmilzt und gefriert das ganze Jahr, weshalb die Temperatur und der Salzgehalt ständig variieren.

Eisberg voraus!

Ein Eisberg ist ein Eisbrocken aus Süßwasser, der sich an Land bildet, von einem Gletscher abbricht (der Gletscher „kalbt") und in den Ozean treibt. Er kann klein sein wie ein Eiswürfel oder groß wie ein Haus! Der größte Teil eines Eisbergs versteckt sich unsichtbar unter Wasser – das ist genau der Teil, der Schiffen zum Verhängnis werden kann, wenn sie zu nah an einem Eisberg vorbeifahren.

Tropfen, krachen, kalben

Da der Klimawandel die Welt erwärmt, krachen immer größere Eisbrocken in den Ozean. Das Wasser wird wärmer und die Eisschicht immer kleiner, sodass weniger Sonnenstrahlen reflektiert werden. Das beeinflusst das Weltklima und gefährdet die Tiere in der Arktis, da sie auf dem Eis jagen, ruhen, gebären oder vor Raubtieren fliehen.

Leben im Eis

Obwohl es hier ziemlich kalt ist, ist der Arktische Ozean voller Leben. Zu seinen Bewohnern gehören Eisbären, Walrosse, Orcas und Narwale, die einen langen Stoßzahn haben, weshalb sie auch „Einhörner der Meere" genannt werden. In den eisblauen Gewässern leben über 200 Fischarten, und an den arktischen Küsten versammeln sich die größten Seevögelkolonien der Welt, darunter Trottellummen und Papageientaucher.

Arktische Nahrungskette

Im Sommer schmilzt die Hälfte des arktischen Eises. Dabei gelangen Nährstoffe und Organismen in den Ozean, von denen sich Algen ernähren, die dadurch wachsen und sich verbreiten. Diese Algen dienen winzigen Tieren als Nahrung, dem Zooplankton, das wiederum eine wichtige Nahrungsquelle für alle anderen Meeresbewohner ist. Das nennt sich arktische Nahrungskette.

DER SÜDLICHE OZEAN

Der Südliche Ozean umgibt den Kontinent Antarktika. Zum Ende des Sommers versinkt die Sonne bis zum Frühling hinter dem Horizont, weshalb es dort im Herbst und Winter vollkommen dunkel ist. In den Sommermonaten gedeiht Phytoplankton an der Wasseroberfläche, produziert einen großen Teil des Sauerstoffs, den wir atmen, und dient dem antarktischen Krill als wichtige Nahrungsquelle.

Der windigste und stürmischste Ozean von allen.

Rosa Schwärme

Krill ist das Superfood des Südlichen Ozeans. Die büroklammergroßen, garnelenartigen Wesen dienen den Raubtieren der Antarktis, zu denen Wale, Pinguine und Robben (und sogar Menschen!) zählen, als Hauptnahrungsquelle.

Das Ende des Eises

Der Klimawandel wirkt sich auf Antarktika aus. Seit Jahrzehnten wird die Region immer wärmer. Das Meereis schmilzt früher im Jahr als bisher und friert später im Jahr wieder zu. Aber auch die Geschwindigkeit, mit der es schmilzt, nimmt zu, was zur Folge hat, dass überall auf der Welt der Meeresspiegel steigt.

Raubtiere auf Beutezug

Das kalte Eismeer ist voller Nährstoffe und damit voller Leben. Orcas tauchen weit in die Tiefe, um Riesenkalmare aufzuspüren, während grimmige Seeleoparden Pinguine jagen und riesige Bartenwale tonnenweise Krill in den stürmischsten Gewässern des Planeten verschlingen.

Entschleunigtes, langes Leben

Angesichts des enormen Drucks, den das Gewicht des Wassers ausübt, der extrem niedrigen Temperaturen und der Dunkelheit, haben die hier lebenden Geschöpfe erstaunliche Fähigkeiten entwickelt, um zu überleben. Zum Beispiel haben langsam schwimmende Antarktisfische eine Art Frostschutzmittel entwickelt, das verhindert, dass ihr Blut gefriert. Die Kälte verlangsamt das Leben im Polarwasser, sodass viele Tiere hier ein entschleunigtes, langes Leben führen – selbst Krill kann bis zu zehn Jahre alt werden!

HOHE WELLEN

Je nach Wetterlage wogen die Ozeane entweder sanft auf und ab oder donnern in riesigen Wellenbergen dahin. Die unendliche Energie der Wellen formt die Küsten und kann eingefangen werden, um uns mit Strom zu versorgen, vom einfachen Lichtschalter bis zum Heizsystem für unser Haus.

Was steckt in einer Welle?

Wenn Wind über die Ozeane weht, entstehen Wellen. Seltsamerweise, und das mag schwer zu glauben sein, bewegen Wellen jedoch kein Wasser über das Meer, sondern Energie. Es ist ein bisschen so wie bei einer La-Ola-Welle während eines Fußballspiels, wenn die Fans aufstehen und sich wieder hinsetzen (und dabei am selben Ort bleiben). So entsteht die Kreisbewegung einer Welle.

WELLEN-GESCHWINDIGKEIT

KAMM

TAL

Die Kraft der Wellen

Wellen gestalten unsere Küstenlinien, indem sie unablässig gegen das Land schlagen, die Felsen abschleifen und Steine und Sand über den Strand rollen. Auch auf dich wirken sie ein! Wenn du im Wasser bist, kannst du spüren, wie sie dich hin und her ziehen oder dich beim Schwimmen ein ganzes Stück von dort fortgetragen haben, wo du ins Wasser gegangen bist. Die Menschen fangen die Wellenkraft ein, um sauberen und erneuerbaren (nicht umweltverschmutzenden) Strom zu erzeugen.

ECHT HOHE WELLEN

Passatwinde

Starke Meereswinde, die Passatwinde, rasen in den Tropen von Ost nach West und erzeugen große Wellen. Diese ständigen Wellen und Winde werden seit dem 15. Jh. von Segelschiffen genutzt, um sich über den Atlantik „schieben" zu lassen.

Tsunamis

Tsunamis sind riesige Wellen, die durch Unterwasser-Erdbeben und Unterwasser-Vulkanausbrüche verursacht werden. Im offenen Ozean überqueren sie das Wasser so schnell wie Düsenjets. In flacherem Wasser werden sie langsamer, aber immer höher, bis sie mit unglaublicher Wucht auf Land treffen.

Sturmfluten

Sturmwinde wie Hurrikane können ebenfalls heftige Wellen verursachen (Sturmfluten). Es kommt zu einem gewaltigen Anstieg des Meeresspiegels, bei dem Wassermassen an Land gedrückt, Küsten überflutet und autogroße Felsen fortgetragen werden.

WELLENBEWEGUNG

DER GEZEITENWECHSEL

Wellen werden nicht nur durch Wind, sondern auch durch die Anziehungskräfte (Gravitation) des Mondes und der Sonne verursacht. Das sind die Gezeiten. Die Gezeiten beschreiben das auf- und ablaufende Wasser in den Ozeanen. Bei auflaufendem Wasser (Flut/Hochwasser) fließt das Wasser Richtung Küste, während es bei ablaufendem Wasser (Ebbe/Niedrigwasser) zurück in den Ozean gezogen wird.

Mondgezeiten

Gezeiten entstehen durch das Zusammenspiel von Erde und Mond. Die Gravitation der Erde drückt das Wasser an sie, während die Gravitation des Mondes das Wasser zu ihm zieht (Gezeitenkraft). Auf der mondzugewandten Seite ist seine Anziehung größer als die Fliehkraft der sich drehenden Erde – ein Flutberg entsteht. Auf der mondabgewandten Seite ist die Mondanziehung kleiner als die Fliehkraft, sodass sich das Wasser in die entgegengesetzte Richtung wölbt. Ein zweiter Flutberg entsteht. Dazwischen bilden sich Ebbtäler.

MOND

ANZIEHUNGSKRAFT DES MONDES

FLUT

Bei Neu- oder Vollmond ist die Flut am höchsten. Die Mondphasen wirken sich auf die Gezeiten aus.

Sonnengezeiten

Die Anziehungskraft der Sonne verursacht ebenfalls Gezeiten, sogenannte Sonnengezeiten. Da die Sonne jedoch weiter entfernt ist von der Erde, ist auch ihre Anziehungskraft schwächer, sodass die Flutberge und Ebbtäler schwächer ausfallen.

Springtiden treten dann auf, wenn Sonne, Mond und Erde in einer Linie stehen. Das bedeutet, dass die Flut sehr hoch und die Ebbe sehr niedrig ist.

EBBE

ERDE

FLUT

EBBE

SONNE

MOND

ANZIEHUNGSKRAFT DES MONDES

ERDE

ANZIEHUNGSKRAFT DER SONNE

Ebbe und Flut

Flut nennt man den Zeitraum zwischen Niedrig- und Hochwasser. Ebbe den Zeitraum zwischen Hoch- und Niedrigwasser.

HOCH-WASSER

NIEDRIGWASSER

BEWEGTE STRÖMUNGEN

Das Wasser in den Ozeanen ist als Strömung immer in Bewegung. Diese Strömungen werden durch Wind, Gezeiten, Wassertemperatur, Salzgehalt und Erdrotation angetrieben. Wasser bewegt sich über der Oberfläche horizontal, aber es kann sich auch vertikal bewegen, Nährstoffe aus zersetztem Material vom Meeresboden nach oben bringen und Sauerstoff aus der Luft in die Tiefe transportieren.

Oberflächenströmung

Durch die Schubkraft des Windes bewegt sich das Meerwasser bis zu einer Tiefe von 400 m in Wirbeln. Es gibt fünf Schleifen starker, vorhersagbarer Oberflächenströmungen (Meereswirbel), die weltweit ruhige Gewässer umkreisen.

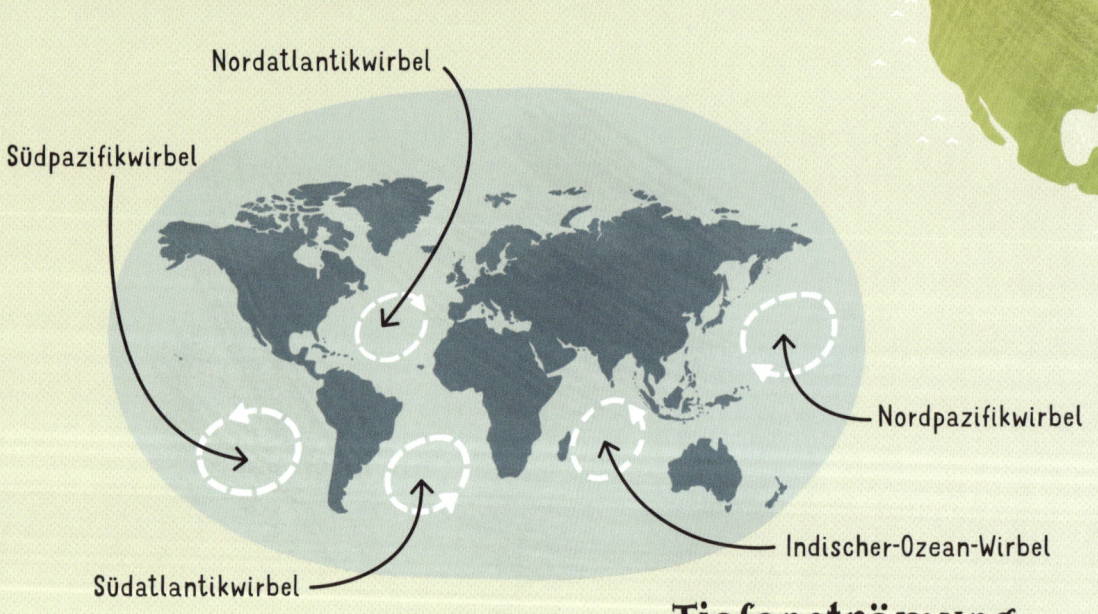

Nordatlantikwirbel

Südpazifikwirbel

Nordpazifikwirbel

Indischer-Ozean-Wirbel

Südatlantikwirbel

Tiefenströmung

Tiefenwasser ist kälter und salziger als Oberflächenwasser und sinkt dadurch. Das sinkende Meerwasser wird durch Oberflächenwasser ersetzt. Durch diese Bewegung entsteht eine Strömung, die Richtung Äquator fließt, wo das kühle Tiefenwasser wieder aufsteigt, sich erwärmt und in Richtung der Pole zurückfließt. Dieses Absinken und Aufsteigen des Meerwassers erzeugt eine Strömung, die als Globales Förderband bezeichnet wird, das warmes Wasser und Nährstoffe auf eine Reise um die ganze Welt mitnimmt, die tausend Jahre dauert.

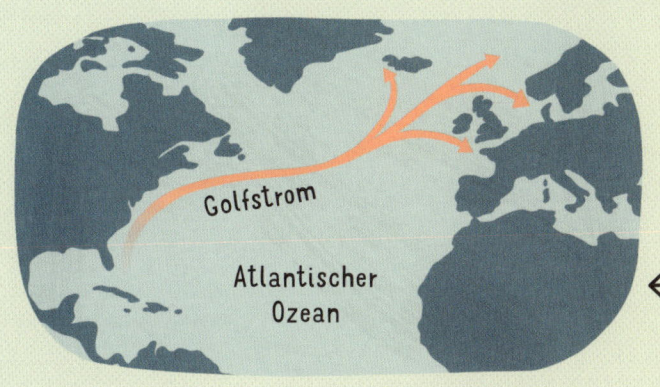

Golfstrom

Atlantischer Ozean

Der Golfstrom ist eine der größten und schnellsten Meeresströmungen. Er ist Teil des Globalen Förderbandes und fließt entlang des Nordatlantikwirbels. Der Golfstrom ist eine westliche Strömung, die warmes Wasser nach Europa führt und von Meeresbewohnern wie Walen als „Mitfahrgelegenheit" genutzt wird.

Globales Förderband

Der Große Pazifische Müllstrudel ist eine Ansammlung von im Wasser treibendem Müll, der hauptsächlich aus Plastik besteht und jetzt schon zwei Mal so groß ist wie die USA. Er dreht sich im Uhrzeigersinn und ist im Nordpazifikwirbel gefangen.

warmer Oberflächen-Strom

kalter, salziger Tiefen-Strom

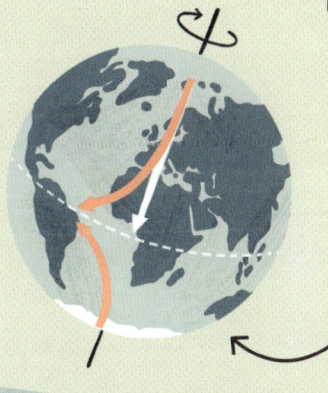

Die Drehbewegung der Erde beeinflusst die Meeresströmungen. Auf der Nordhalbkugel wird das Wasser nach rechts und auf der Südhalbkugel nach links gelenkt. Dieser sogenannte Coriolis-Effekt ist an der Entstehung der Ozeanwirbel beteiligt.

WÄHLE DEINE ZONE

Es gibt vier Tiefenzonen, an die sich das Leben in den Ozeanen perfekt angepasst hat, von der oberen, lichtreichen Zone bis ganz nach unten in den nachtschwarzen Abyss. Wir fangen oben an und arbeiten uns bis ganz nach unten durch.

Lichtreiche Zone
bis 200 Meter

Die meisten Meeresbewohner, die wir kennen, leben in der lichtreichen Zone. Winzige Pflanzen namens Phytoplankton saugen Sonnenlicht förmlich auf und betreiben Fotosynthese. Eine blühende Pflanzenwelt entsteht, von der sich Lebewesen wie Krill und Zooplankton ernähren, die wiederum von Walen, Thunfischen, Delfinen und Haien verspeist werden. Das ist die Nahrungskette in der lichtreichen Zone.

Dämmerzone
bis 1.000 Meter

Ab 200 Metern Tiefe wird das Licht immer dämmriger. Viele der Tiere, die hier leben, haben riesige Augen, damit sie besser sehen können. Hier sind keine Pflanzen, da es hier zu dunkel ist, um Fotosynthese zu betreiben. Die einzigen Lichtquellen in dieser Zone sind Lebewesen wie Tintenfische, Quallen und Meereswürmer, die im Dunkeln leuchten.

Dunkelzone
bis 4.000 Meter

Die meisten Ozeane reichen bis in eine Tiefe von 3.000 bis 5.000 Metern. In diese Zone dringt kein Licht, und auch Meeresbewohner trifft man hier nur noch selten an, da es so gut wie nichts mehr zu fressen gibt. Die meiste Nahrung „regnet" von oben herab – wie Kadaver und Kot, die auf den Meeresboden sinken.

Abyss
bis 6.000 Meter

Hier ist es vollkommen schwarz. Die Temperaturen liegen nahe dem Gefrierpunkt. Der Druck vom Gewicht des Wassers darüber ist enorm. Wissenschaftler haben sich früher hier einen ruhigen, kargen Ort vorgestellt, stattdessen fanden sie Vulkane, gigantische Würmer und brodelnde Schornsteine, um die herum Leben wimmelt. Noch weiter unten sind die Tiefseegräben – mächtige Rinnen und tiefe Risse.

GEZEITENZONEN

Wo Festland und Meer zusammentreffen, zwischen Ebbe und Flut, gibt es alle möglichen Arten von Lebensräumen. Von hohen Klippen über felsige Ufer bis hin zu Sandstränden, Rockpools und Wattflächen: Gezeitenzonen bieten vielen Tieren und Pflanzen ein Zuhause. Sie können in vier Zonen unterteilt werden.

Ein hartes Pflaster

Ein Leben zwischen Ebbe und Flut ist für viele Tiere und Pflanzen nicht leicht, da sich ihre Umwelt ständig verändert. Manchmal sind sie der Sonne ausgesetzt, nur um kurze Zeit später wieder von Wasser überspült zu werden. Sie müssen sich anpassen, um unter trockenen wie nassen Bedingungen zu überleben, und um die ständige Brandung und die salzige Gischt zu überstehen. Zu guter Letzt sind sie auch noch den Raubtieren an Land und im Wasser ausgesetzt.

Spritzwasserzone

Diese dem Festland am nächsten gelegene Zone ist am trockensten. Hier leben nur wenige Tiere, wie Flechten und Napfschnecken. Sie bekommen salzige Gischt ab oder gehen manchmal bei einer Sturmflut baden.

Hochwasserlinie

Die Tiere hier sind daran gewöhnt, bei Hochwasser unterzugehen und sich bei Niedrigwasser feucht zu halten. Bei Ebbe saugen sich Napfschnecken und Rankenfußkrebse fest und dichten sich ab, um Wasser im Gehäuse zu halten. Der Einsiedlerkrebs krabbelt weiter, weil er Wasser in seinem Haus speichert. Schalen schützen sie vor Räubern.

Niedrigwasserlinie

Hier leben Seesterne und viele andere Pflanzen und Tiere. Die Gezeiten machen ihnen das Leben nicht leicht. Seesterne haben daher viele Saugnäpfe, mit denen sie sich festhalten, während Muscheln eine Art Klebstoff produzieren, damit sie bei Ebbe nicht ins Meer gezogen werden. Zugvögel machen hier zum Schlemmen Rast.

Schelfregion

Diese Zone ist die meiste Zeit unter Wasser. Hier herrscht die größte Artenvielfalt, weil sich der Lebensraum beim Gezeitenwechsel am wenigsten verändert. Es gibt Seegräser, Seeanemonen, Seeigel, Krebse, Seegurken und Schnecken. Ständige Wellen und flaches Wasser schützen die Tiere vor Räubern wie Fischen, die zu groß sind, um so nah am Ufer zu jagen.

MÜNDUNGEN UND SALZWIESEN

Eine Mündung ist ein Ort, an dem ein Fluss auf ein Meer trifft. Du findest sie überall auf der Welt. Flüsse verzweigen sich, wenn sie den Ozean erreichen, und Süß- und Salzwasser vermischen sich im Wechsel der Gezeiten. Das seichte Wasser überströmt flaches, sumpfiges Land, Watt, Sandstrände, Seegraswiesen und Gezeitentümpel.

Auf Stippvisite

Viele Vögel unterbrechen ihre Wanderungen, um Rast in den Mündungsgebieten zu machen. In diesen reichhaltigen Futtergründen finden sie Nahrung für die nächste Etappe ihrer Reise. Das ganze Jahr über waten Vögel durch das Wasser und picken auf der Suche nach Leckerbissen im Schlamm. Sie suchen nach Würmern und Schalentieren, die durch ihr sich ständig veränderndes Zuhause wuseln.

Zuflucht für viele

Flussmündungen sind geschützte Orte, an denen kleine Fische zur Welt kommen und einzigartige Arten in einer sich ständig ändernden Mischung aus Süß- und Salzwasser leben.

Bedrohung durch den Menschen

Immer mehr Menschen leben in Städten, sodass sich diese bis an Flussmündungen ausbreiten. Immer mehr Feuchtgebiete werden trockengelegt, um Häuser und Fabriken zu bauen. Die Tierwelt verschwindet, und erschöpfte Zugvögel müssen ohne Rast weiterfliegen. Dabei tragen Freiflächen dazu bei, auf Land treffende Stürme abzuschwächen, und sie sind Brutstätten für junge Fische und Vögel. Es ist also wichtig, sie zu schützen.

Salzige Angelegenheit

An Flussmündungen gibt es Salzwiesen. Pflanzen hassen Salz, selbst Salzpflanzen versuchen, es loszuwerden. Sie sondern das Salz durch spezielle Drüsen ab, sodass du Salzkristalle auf ihren dicken, fleischigen Blättern, in denen sie Wasser speichern, sehen kannst.

TO-DO-LISTE:
- Halte nach schillernden Libellen Ausschau.
- Tritt nicht auf Nacktschnecken, Quallen und Würmer.
- Suche nach einem der ältesten Lebewesen der Erde: dem Pfeilschwanzkrebs.

KORALLENRIFFE

Wenn du von einem Boot aus über einem gesunden Korallenriff tauchst, findest du dich in einem Kaleidoskop aus Farben wieder. Korallenriffe werden häufig als „Regenwälder der Meere" bezeichnet und bieten mehr unterschiedlichen Arten ein Zuhause als jeder andere Ort auf der Welt – sie beherbergen mindestens ein Viertel aller Meereslebewesen.

Pflanze oder Tier?

Korallen sehen aus wie bunte Steine oder Pflanzen, sind aber Tiere. Und zwar winzige Tiere mit Polypen, die den Kalk im Meerwasser nutzen, um harte Skelette zu bilden, die ihren weichen Körper schützen. Sie leben in riesigen Kolonien. Ihre Skelette bilden die Riffe – die größten lebenden Konstruktionen auf der Erde.

TO-DO-LISTE:

- Sieh uns Meeresschildkröten zu, wie wir an Schwämmen knabbern und in den Spalten des Riffs nach Nahrung suchen.
- Beobachte Seegurken, wie sie den Boden des Riffs aufräumen, indem sie tote Pflanzen und Tiere aufsaugen.
- Halte nach Haien Ausschau, der Nr. 1 in der Nahrungskette des Riffs.

Schutz vor Stürmen

Korallenriffe schützen tropische Strände, Städte und Häuser, indem sie Stürme, Hurrikane und sogar Tsunamis abschwächen, bevor sie unsere Küsten erreichen. So schützen sie Millionen Menschen vor den Wetterextremen des zunehmenden Klimawandels.

Korallenbleiche

Korallen sind Unterwasserparadiese und wichtige Ökosysteme. Menschliche Aktivitäten aber lassen Korallen sterben. Sie verfärben sich gespenstisch weiß. Diese Korallenbleichen entstehen durch Klimawandel, Umweltverschmutzung und Überfischung. Die Korallenriffe verblassen zu Korallenwüsten.

Riffe neu beleben

Wissenschaftler versuchen, als Korallengärtner Riffe wieder „aufzuforsten". Dazu pflanzen sie Babykorallen auf künstliche Gebilde am Meeresboden. Das unterstützt das Ökosystem und die große Artenvielfalt der Riffe. Korallengärtnern ist aber nur eine Methode, um Riffe wieder zu beleben.

MANGROVEN

Mangroven sind Wälder im Gezeitenbereich tropischer Küsten. Ihre Wurzeln stehen wie Stelzen in den salzigen Gewässern, die Ebbe und Flut unterliegen. Ihre Äste und Blätter bieten Fischen, Vögeln und anderen Tieren, die hier im seichten, sumpfigen Wasser leben, Schutz vor tropischen Stürmen, die auf die Küste treffen.

Salziges Leben

Mangroven gedeihen in diesen salzigen Gewässern, indem sie das Salz aus ihren Blättern wieder austreten lassen. Diese speziellen fleischigen Blätter nehmen auch Kohlendioxid auf und speichern Süßwasser. Da Mangroven von der Flut überspült werden, haben sie besondere Methoden entwickelt, um an Sauerstoff aus der Luft zu gelangen. Viele haben daher warzenförmige Ausstülpungen an ihren Wurzeln, die aus dem Wasser lugen und ihnen helfen zu atmen.

Ein neues Zuhause

Wir Meeresschildkröten fliehen manchmal vor Raubtieren aus den offenen Ozeanen hierher, aber manche von uns haben die Mangrovenwälder erst vor Kurzem für sich entdeckt. Da Korallenriffe absterben, finden wir dort nicht mehr genug Nahrung. So wagen sich zum Beispiel Echte Karettschildkröten in die sumpfigen Mangrovenwälder, um ein neues Zuhause zu finden.

Voller Leben

An den Ufern eines Mangrovenwaldes kannst du sogar große Tiere wie den Königstiger in Indien entdecken und in den Bäumen darüber Dreifinger-Faultiere beobachten. Es gibt aber auch viele kleine Tiere: Kolibris, Honigbienen, baumkletternde Krebse, weiche Schwämme, Schnecken, Austern und kleine Fische, die sich vor Raubtieren verstecken, bis sie groß genug sind, und es sie ins Meer in die Sicherheit der Korallenriffe zieht.

TO-DO-LISTE:

● Achte auf Seeschlangen, die sich mit der Flut in die Wälder schlängeln.

● Bei Ebbe kannst du Schlammspringer und Krebse beobachten, die zum Schlemmen aus ihren Verstecken kommen.

● Achte auch auf die kleinen Dinge! In Mangrovensümpfen sind Insekten die artenreichste Gruppe aller Lebewesen.

Schwindende Wälder

Mangrovenwälder werden zur Holzgewinnung gerodet und die Pflanzen zur Herstellung von Nahrung, Seifen und sogar Parfüms genutzt. Auch wenn sie Tigern und Krokodilen aus dem Weg gehen müssen, können Menschen nachhaltig hier leben – dennoch verschwinden diese Wälder viel zu schnell. Die größte Bedrohung ist die Garnelenzucht, für die riesige Flächen für Shrimp-Farmen gerodet werden.

TANGWÄLDER

Tangwälder sind Unterwasserdschungel voller Leben. Tang schießt bis zu 30 Meter in die Höhe und wächst weltweit in klaren, kalten Ozeanen. Tang ist eine Superalge, die riesige Mengen Kohlendioxid verarbeitet und daher eine wichtige Rolle bei der Eindämmung des Klimawandels spielt.

Algen-Einmaleins

Es gibt drei Arten von Algen: Grünalgen, Rotalgen und Braunalgen. Welche gedeiht, hängt ganz von der Menge des Sonnenlichts ab, das in die flachen Bereiche dringt, in denen sie wachsen. Tang ist eine riesige Braunalge.

Schnell hinauf

Seetang wächst auf festen Meeresböden, indem er sich mit seinem Haftorgan auf Steinen verankert – und von dort geht's hoch hinauf. Er kann an einem einzigen Tag erstaunliche 60 cm Richtung Sonne schießen! Sobald er die Oberfläche erreicht, breitet er sich wie eine Baumkrone auf dem Wasser aus und spendet als Tangwald wohltuenden Schatten. Seine Luftblasen halten ihn über Wasser.

Schwimmend schlafen

Seeotter lieben Tangwälder. Wenn sie ein Nickerchen machen wollen, wickeln sie sich in den Tang, damit sie nicht wegtreiben. Die Luftblasen des Seetangs halten sie über Wasser. Seeotter spielen auch eine wichtige Rolle bei der Erhaltung der Tangwälder, da ihre Lieblingsmahlzeit aus Purpur-Seeigeln besteht. Seeigel leben in Seetang-Betten auf dem Meeresboden und fressen ihn massenweise. Wenn die Otter die Seeigel nicht fräßen, würden die Tangwälder verschwinden.

Tang-Zahnpasta

Seetang hat viele Mineralstoffe und Vitamine, darum ernten die Menschen ihn gerne zur Herstellung von Seife und Glas und auch, um Zahnpasta und Eiscreme zu verdicken. Er wird sogar als nachhaltiger Brennstoff genutzt. Da er sehr schnell wächst, kann er immer wieder geerntet werden.

TO-DO-LISTE:

- Halte Ausschau nach Schlangensternen und Schnecken, die am Tang knabbern, ohne ihm zu schaden.
- Beobachte Seelöwen und Robben, die im Tang lebende Fische jagen.
- Entdecke Leopardenhaie, die sich auf der Suche nach Krebsen, Muscheln und Babyfischen durch den Seetang schlängeln.

SEEGRASWIESEN

Blühende Seegräser werden zu riesigen Unterwasserwiesen. Wir Meeresschildkröten sind die wichtigsten Gärtner. Wir knabbern am Seegras und halten es so in Schuss. Dadurch werden die Wiesen zu wunderbaren Kinderstuben für kleine Fische, die hier durch flache, tropische Gewässer flitzen. Seegräser mögen es aber auch kalt. Man findet sie überall auf der Welt, nur nicht in Antarktika.

Geheime Gärten

Im Seegras finden viele Tiere Unterschlupf und Nahrung, bevor sie in andere Lebensräume wie Korallenriffe weiterziehen. Wogende Grasdächer bieten Fischschwärmen, Krabben, Garnelen, Seeanemonen und Schwämmen Schutz, während größere Meerestiere wie wir Meeresschildkröten, aber auch Haie und Seekühe, über sie hinwegziehen.

Nützliches Grün

Seegräser werden seit über 100.000 Jahren von Menschen geerntet. Sie wurden unter anderem zur Herstellung von Verbandsmaterial, zum Füllen von Matratzen und zum Düngen von Feldern an Land genutzt. Das ist aber noch nicht alles: Seegräser sorgen dafür, dass die Meere gesund bleiben, indem sie das Wasser reinigen und wie auch Tang Fotosynthese betreiben, und so das Kohlendioxid aus der Luft aufnehmen.

Geheimnisvolle Seekühe

Dugongs sind Seekühe, die auf Seegraswiesen grasen. Diese seltsam aussehenden, freundlichen Tiere wurden deshalb berühmt, weil sie von Seefahrern wegen ihres nixenähnlichen Schwanzes und ihrer großen Augen mit Meerjungfrauen verwechselt wurden. Dugongs leben allein oder zu zweit in geschützten Buchten im Indischen Ozean und im Westpazifik.

TO-DO-LISTE:

- Betrachte das große, seltsame Maul des Dudongs, mit dem er Tag und Nacht Seegras verputzt.
- Seegräser sind wichtige Kinderstuben für Fische. Wie viele kannst du zählen?
- Sieh dir die Seegras-Blüten genau an – das sind die einzigen Blumen, die du jemals unter Wasser finden wirst!

Ärger im Paradies

Jede Stunde verschwinden etwa zwei Fußballfelder Seegras, was bedeutet, dass die Meerestiere, die hier leben, auch bedroht sind. Nicht nur Umweltverschmutzung und Fischfang sind schuld, sondern auch private Boote und Jachten, die in diesen empfindlichen Lebensräumen ankern.

DER OZEANBODEN

Die Tiefsee beginnt dort, wo das Licht nachlässt und der Ozean in Dunkelheit versinkt. Es ist still, kalt und der Druck des Wassers von oben ist enorm. Und doch wimmelt es hier von Leben. Der Meeresboden macht mehr als die Hälfte der Erdoberfläche aus. Einige Bereiche sind flach, während andere von Gebirgen, Vulkanen, tiefen Tälern und Senken durchzogen sind.

Schwarze Raucher

Auf den Meeresböden drängen sich riesige Röhrenwürmer, Schnecken, Fische und Krebse um die Schlote von Vulkanen und ziehen ihre Energie aus den dortigen Bakterien. Einige dieser hydrothermalen Quellen haben hohe Schornsteine, aus denen schwarzer Rauch wabert, weshalb sie Schwarze Raucher genannt werden.

TO-DO-LISTE:

- Siehst du den Koboldhai, der mit seinem großen Maul alles schnappt, was sterbend nach unten sinkt?
- Halte Ausschau nach „Zombie"-Würmern, die den Meeresboden aufräumen, indem sie sich von den Knochen toter Wale ernähren.
- Wirf einen Blick auf die Eisfische, die Energie sparen, indem sie nur langsam durch diese eisigen Gewässer schwimmen.

Leben in der Tiefsee

Die Bewohner des Meeresbodens haben ungefähr 1.500 Meter Wasser über sich, was bedeutet, dass sie lernen mussten, sich an den extremen Druck anzupassen, der hier herrscht. Scheibenbäuche haben daher weiche Skelette und Schädel, die nicht vollständig geschlossen sind, damit ihnen nicht der Kopf implodiert. Tieftauchende Tiere wie Wale haben Lungen, die zusammenklappen, damit sie nicht zerquetschen.

Unterwasser-Gebirge

Berge finden sich sowohl an Land als auch am Meeresboden. Der Mittelozeanische Rücken ist die längste Gebirgskette der Welt und verläuft über dem Boden des Atlantischen Ozeans. An einigen Stellen schießt rotglühendes, flüssiges Gestein aus dem Boden und fließt durch Spalten und Risse. Unterwasserberge sind Oasen, deren Hänge mit Kaltwasserkorallen, Schwämmen, Seeanemonen und Seefächern bedeckt sind.

Unterwasser-Täler

Der tiefste Ort der Erde ist der Mariannengraben im Pazifik. Er ist so tief, dass man den Mount Everest hineinstellen könnte, und er würde die Wasserober-fläche trotzdem nicht erreichen. Bislang waren nur vier Menschen am Grund des Grabens. Der Abstieg in einem winzigen Tauchboot dauert ca. sechs Stunden.

DER OFFENE OZEAN

Im offenen Ozean gibt es weniger Nahrung als in allen anderen marinen Lebensräumen, weshalb weniger Arten in diesen weiten, blauen Gewässern fernab vom Land leben. Hinzu kommt, dass sie in der Lage sein müssen, den größten und schnellsten Räubern der Ozeane zu entkommen.

Große blaue Wanderer

Blauwale sind die größten Tiere auf dem Planeten. Diese Giganten durchwandern die Ozeane, fressen auf ihren Reisen aber nicht, sondern warten, bis sie kalte, polare Gewässer erreichen, die reich an Nahrung sind. Wissenschaftler verwenden Satelliten, um ihre dunklen Schatten im Wasser auszumachen und ihre beeindruckenden Wanderungen vom Weltraum aus zu verfolgen.

Glitzernde Geschwindigkeit

Der Blaue Marlin ist ein furchterregender Raubfisch, der auf seinen weiten Wanderungen den warmen Meeresströmungen folgt. Er benutzt sein spitzes Schwert, um Fischschwärme aufzuspießen und seine Beute zu betäuben. Ihm ist nur der Weiße Hai gewachsen – vorausgesetzt, er kann dieses glitzernde blaue Monster fassen, der zu den schnellsten und größten Fischen im Meer gehört.

Das White Shark Café

Obwohl der offene Ozean einer Nahrungswüste gleicht, haben Wissenschaftler überraschend herausgefunden, dass es einen geheimnisvollen, an Nahrung reichen Flecken im Pazifik gibt. An diesem abgelegenen Hotspot hängen Tintenfische, Thunfische und winzige, biolumineszente Tiere ab, weshalb sich hier Weiße Haie versammeln, um im White Shark Café, wie die Wissenschaftler diesen Ort genannt haben, zu speisen.

Clevere Schwärme

Viele große Raubfische fressen kleine Fische. Deshalb sammeln sich im Meer viele kleine Fischarten, wie Sardinen und Makrelen, und tun so, als wären sie ein großes Meerestier. Das nennt sich „Köderball" – wenn sich kleine Fische darin verstecken, haben sie bessere Chancen zu überleben. Zum Nachteil der kleinen Fische nutzen Meeresräuber wie Haie hohe Tonsignale, um diese riesigen Schwärme aufzuspüren. Wenn die Schallwellen zurückprallen, gehen die Räuber auf Angriffskurs. Das nennt sich Echo-Ortung.

TO-DO-LISTE:

- Stell dir die winzigen Pflanzen und Organismen vor, die, für dich unsichtbar, durchs Wasser schweben.
- Lerne die Wale kennen – Orcas sind schwarz-weiß, Buckelwale haben lange Flossen und Blauwale werden bis zu 30 Meter lang.
- Bestaune den berühmten Weißen Hai und hüte dich vor seinen 300 gezackten Zähnen!

GESPENSTISCHE GEWÄSSER

Wenn du milchig blaue Meere, Strudel, bläuliche Flammen
oder vom Wind aufgepeitschte Wassertürme siehst, erlebst
du gerade ein fantastisches Naturereignis. Manche sind
seltsam, manche gefährlich. Trau deinen Augen
ruhig – aber sieh aus
der Ferne zu!

Elmsfeuer

Es gibt viele Geschichten von violett
schimmernden Funken, die an den Spitzen von
Schiffsmasten aufblitzen. Das ist jedoch kein
Feuer, sondern ein elektrisch aufgeladenes
Glühen, das bei Gewitter entsteht.

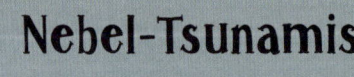

Nebel-Tsunamis

Auch wenn Nebel-Tsunamis alarmierend aussehen, sind
diese turmhoch aufragenden Wellen, die vom Ozean
heranrollen, in Wirklichkeit keine Wasserwand, sondern
nur Meeresnebel, der sich manchmal bildet, wenn
warme Luft über kaltes Wasser streicht.

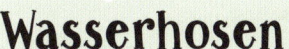

Wasserhosen

Bei dunklem, stürmischem Himmel, wenn Blitze zucken und sich starke Winde erheben, kann es passieren, dass sich Säulen aus feuchter, aufsteigender Luft bilden und sich vom Festland über den Ozean schrauben. Über dem Meer heißen diese starken Wirbel Tornados oder Wasserhosen. Über Land werden dieses Tornados auch Windhosen genannt.

Mahlströme

In Geschichten werden Seefahrer gerne in mythische Mahlströme oder reißende Wasserstrudel gezogen. Das sind aber nicht nur Geschichten – es gibt diese seltsam wirbelnden Gewässer wirklich! Sie entstehen, wenn verschiedene Gezeitenströme aufeinandertreffen, voneinander abprallen und sich in einem tödlichen Wirbel nach unten schrauben. Der stärkste Gezeitenstrom von allen ist der Saltstraumen-Mahlstrom in Norwegen.

Meeresleuchten

Es heißt Meeresleuchten, wenn große Ozeanflächen anfangen, so hell zu scheinen, dass sie vom Weltraum aus zu sehen sind. Diese „Milchseen" entstehen, wenn sich Massen biolumineszenter Bakterien zum Leuchten versammeln, um Fische anzulocken und verschluckt zu werden! Am glücklichsten sind diese Bakterien nämlich im Darm von Fischen. Das größte Meeresleuchten findet sich im Indik vor Somalia.

CHAMPIONS DER OZEANE

Bei mehr als einer Million verschiedener Arten in den Ozeanen stehen viele Champions zur Auswahl. Noch dazu werden jedes Jahr mehr als 2.000 neue Meeresarten entdeckt, sodass Rekorde immer wieder neu gebrochen werden.

Der Schnellste

Mit Spitzengeschwindigkeiten von über 100 km/h gelten Fächerfische als die Schnellsten. Sie sausen durch Pazifik und Atlantik und haben eine Rückenflosse, die fast so lang ist wie ihr silberblauer Körper. Sie jagen vorwiegend in Gruppen und betäuben ihre Opfer oder spießen sie mit ihrem spitzen, speerartigen Schwert auf.

Der Langsamste

Das Zwerg-Seepferdchen wird keine 40 mm groß und ist ein Champion der besonderen Art – es ist der langsamste Fisch der Welt. Es schwimmt in aufrechter Position und schafft stolze 4,5 Millimeter pro Sekunde. Gut getarnt lauert es auf vorbeiziehende Beute und wechselt sogar die Farbe, wenn es sich noch mehr an seine Umgebung anpassen muss.

Der tiefste Taucher

Cuvier-Schnabelwale erreichen eine Tiefe von knapp 3.000 m und haben sich perfekt an ihr Taucherleben angepasst. Sie haben spezielle Taschen, in die sie ihre Flossen stecken können, um stromlinienförmiger nach unten zu tauchen und in der Tiefe nach ihrer Lieblingsnahrung zu suchen: Tintenfischen. Sie haben einen Schnabel, der nach oben gebogen ist, sodass es aussieht, als würden sie lächeln.

Die größten Augen

Der Riesenkalmar hat die größten Augen – mit einem Durchmesser von bis zu 27 cm. Das entspricht in etwa der Größe eines Fußballs. Er lebt in den kalten Gewässern des Südlichen Ozeans. Sein papageienähnlicher Schnabel wurde im Magen von Pottwalen gefunden, was nahelegt, dass diese beiden Riesenraubtiere gelegentlich ungesehen in den dunklen Tiefen des Ozeans aneinandergeraten.

Der Bestgekleidete

Mandarinfische zählen auf jeden Fall zu den farbenprächtigsten Champions im Ozean. Doch die bunten Fische sind mit winzigen Stacheln bedeckt, mit denen sie jedem Gift spritzen, der es wagt, ihnen zu nahe zu kommen. Und sie stinken. Sie sehen zwar hübsch aus, sollten aber aus sicherer Entfernung bewundert werden.

Die beste Mama

Der Tiefsee-Oktopus kümmert sich fast viereinhalb Jahre um seine Eier – also etwa dreimal so lang wie jede andere Tierart auf diesem Planeten. Die lange Brutzeit hat damit zu tun, dass sich das Leben in der Tiefsee verlangsamt, da es dort so kalt ist.

Die älteste noch lebende Art

Die ersten Neunaugen tauchten vor etwa 360 Millionen Jahren auf der Erde auf und leben heute vor allem im Atlantischen Ozean. Sie haben runde Mäuler mit vielen winzigen Zähnen, um sich an ihrer Beute festzusaugen, und eine rasiermesserscharfe Zunge, mit der sie Schuppen abschaben, um an das Fleisch zu kommen.

WAHNSINNSWANDERUNGEN

Meerestiere durchkreuzen die Weltmeere und sind immer in Bewegung. Angetrieben von ihrem Instinkt, von Hunger und dem Bedürfnis sich fortzupflanzen, legen sie weite Strecken zurück, um zu überleben.

Doppelt genäht...

Wissenschaftler haben herausgefunden, dass See-Elefanten zweimal im Jahr auf Wanderung gehen. Zunächst, um nach Nahrung zu suchen, bevor sie zurück an Land gehen, um Junge zu bekommen. Nachdem sie eine Weile gefastet haben, zieht es sie wieder für einige Monate ins Wasser, bevor sie erneut an Land gehen, wo dann ihr Fellwechsel stattfindet. See-Elefanten können während ihrer beiden jährlichen Wanderungen bis zu 21.000 km zurücklegen.

Rätselhafte Aale

Aale legen eine der mysteriösesten Wanderungen zurück. Sie schlüpfen in der Sargassosee im Atlantischen Ozean und treiben mit den Strömungen, bis sie auf geheimnisvolle Weise die Flüsse in Europa erreichen, in denen sie heranwachsen. Wenn sie schließlich bereit sind sich fortzupflanzen, wandern sie zurück in die Sargassosee, wo sie laichen und sterben. So endet eine erstaunliche, bis zu 10.000 km lange Rundreise.

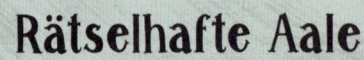

Ozeanriesen

Buckelwale unternehmen von allen Säugetieren eine der längsten Wanderungen. Sie starten in den eisigen, nahrungsreichen Polarmeeren und machen sich auf den Weg in Richtung Äquator, um sich zu paaren. Dafür stimmen die Männchen ihre betörenden Gesänge an. Nach einem Jahr und über 10.000 km kommen sie wieder am Äquator an, und die Weibchen gebären ihre Kälber.

Auf und ab

Die zahlenmäßig größte Wanderung findet vertikal statt – wenn winzige rosa Garnelen namens Krill sich zu fünf Milliarden Tonnen anderer winziger Meerestiere gesellen und Tag und Nacht im Wasser auf- und absteigen. Nachts kommen sie zur Nahrungsaufnahme nach oben und sinken tagsüber in die dunkle Tiefe zurück, um Oberflächenräubern zu entkommen. Und das alles manchmal sogar mehrmals am Tag!

BEDROHTE OZEANE

Vom Weltraum aus gesehen sind unsere Ozeane groß, blau und
wunderschön, aber aus der Nähe sieht das ganz anders aus. Es
gibt Ölteppiche, verschmutzte Küsten, und im Pazifik treiben
Müllinseln so groß wie Länder. Unter den Wellen bleichen Korallen
aus, und Wale, Delfine und Meeresschildkröten verfangen sich
in Fischernetzen und Plastik.

Überfischung

Etwa die Hälfte der Weltbevölkerung ist auf den
Verzehr von Fisch angewiesen, aber industrielle
Fangmethoden und illegale Fischerboote sorgen
dafür, dass die Meere überfischt, Fischarten
ausgelöscht und wertvolle Lebensräume vernichtet
werden. Hunderttausende Meeresschildkröten und
andere Tiere geraten in die riesigen Schleppnetze
und sterben ohne Grund – das nennt sich Beifang.
Was für eine Verschwendung von Leben!

Verschmutzung

Auf dem Meeresboden nach Öl und Gas zu
bohren, schadet unseren Ozeanen. Aber 80% der
Verschmutzung kommt vom Festland. Plastik
und andere Abfälle werden ins Meer gekippt,
Öl läuft aus, und Abwässer aus Privathaushalten,
landwirtschaftlichen Betrieben und Fabriken
fließen in Flüsse und somit auch in die Ozeane.
Diese Art der Umweltverschmutzung nennt
sich „Mülleintrag".

Artensterben und verlorene Lebensräume

Wie alles Leben auf der Erde, sind Pflanzen und Tiere im Meer aufeinander angewiesen, um zu überleben. Wenn also eine Art ausstirbt, ändert sich das Leben der anderen Arten. Die Biodiversität der Ozeane ist durch Umweltverschmutzung und den Verlust von Lebensräumen bedroht.

Hörst du das?

Die Menschen verursachen zu viel Lärm in den Meeren. Scheppernde Schiffe, spezielle Schallkanonen, mit denen nach Öl gesucht wird, und Waffentests stören und verwirren die Meeresbewohner, von denen sich viele über Geräusche verständigen. Orcas z. B. nutzen hohe Ultraschall-Laute zur Jagd, während Tintenfische und Blauwale mittels niedriger Infraschall-Laute über große Distanzen kommunizieren.

DER KLIMAWANDEL UND UNSERE OZEANE

In der dünnen Schicht zwischen Luft und Meer findet ein unsichtbarer Austausch von Gasen statt, da die Ozeane über die Hälfte des Sauerstoffs abgeben, den wir einatmen, und fast ein Viertel des vom Menschen produzierten Kohlendioxids aufnehmen. Aber die Menschen produzieren immer mehr Kohlendioxid, das sich in unserer Atmosphäre ansammelt.

Zu viel Kohlenstoff

Kohlendioxid wirkt wie eine Decke, unter der sich die Wärme sammelt und die Erde erwärmt. Das nennt sich Klimawandel. Seit der Entstehung unseres Planeten hat er schon viele Male auf natürliche Weise stattgefunden, aber dieses Mal wird er vom Menschen verursacht, und er schreitet schnell voran. Die Hauptursachen für den Klimawandel liegen in der Nutzung fossiler Brennstoffe, der Abholzung der Regenwälder und der Viehzucht.

Die Erwärmung des Wassers lässt Korallen sterben und zerstört so Lebensräume. Je mehr Kohlenstoff die Meere aufnehmen, desto saurer werden sie. Das schadet vor allem Korallen und Schalentieren, da saures Wasser den Kalk in ihren Schalen auflöst.

Das Abschmelzen des arktischen Eises bedroht das Überleben von Raubtieren wie Eisbären.

Das Abschmelzen des antarktischen Eisschildes lässt den Meeresspiegel ansteigen und bedroht Küsten und tiefliegende Inseln.

$$CO_2 = $$
Kohlendioxid

Kohlenstoffsenke

Kohlenstoffsenken sind Böden, Wälder und Ozeane, die Kohlendioxid aus der Luft aufnehmen und speichern. Fast ein Viertel des von den Menschen verursachten Kohlenstoff-Ausstoßes verschwindet in den Ozeanen, den größten Kohlenstoffsenken von allen. Winzige Meerespflanzen nutzen Kohlenstoff zur Fotosynthese, ein Teil des Kohlendioxids löst sich im Meerwasser auf, und einige Meerestiere nutzen Kohlenstoff zum Aufbau ihrer Schalen und Skelette. Alle Lebewesen sterben jedoch irgendwann und sinken auf den Grund des Meeres hinab, der so zum wichtigsten und effektivsten Kohlenstoffspeicher wird. Die Art und Weise, wie die Ozeane überschüssigen Kohlenstoff aus der Luft aufnehmen, trägt daher erheblich zur Eindämmung des Klimawandels auf der Erde bei.

WAS KANN ICH TUN?

Jetzt weißt du, warum Ozeane wichtig sind. Sie beeinflussen unser Wetter und unser Klima, sie ernähren die Welt, geben Millionen von Menschen Arbeit und sind ein wichtiger Wirtschaftsfaktor. Von winzigen Algen bis hin zu riesigen Walen, unsere Ozeane sind voller Lebewesen, die voneinander abhängig sind, um zu überleben. Diese Ökosysteme sind bedroht – aber es gibt viel, was du tun kannst, um zu helfen!

Iss Fisch aus nachhaltiger Fischerei

Achte bei Fisch immer darauf, dass er nachhaltig gefangen wurde. Das bedeutet, dass er auf eine Weise gefangen wurde, die weder den Ozean noch die Fischbestände zerstört oder bedroht.

Wähle deine Souvenirs mit Bedacht

Wähle im Urlaub deine Souvenirs mit Rücksicht auf die dort heimische Tierwelt aus. Kaufe niemals Korallen oder Produkte aus Schildpatt (wie Kämme und Haarspangen).

Erzähle eine Ozeangeschichte

Teile dein Wissen und ermutige deine Freunde, die Ozeane auch zu lieben. Je mehr du erlebst und entdeckst, desto erstaunter wirst du sein – und je mehr Wissen du teilst, desto mehr hilfst du, die Meere zu retten!

Vermeide Plastik

Versuche, Einwegplastik wie Plastikflaschen, Trinkhalme, Plastikbesteck, Plastiktüten und verpacktes Essen zu vermeiden. Wähle wiederverwendbare Trinkflaschen und nimm immer deinen eigenen Beutel mit. Vermeiden, wiederverwenden, recyceln!

Hilf beim Strandputz

Finde heraus, ob eine Strandsäuberung geplant ist, und sammle und entsorge gemeinsam mit anderen Plastikmüll und andere Abfälle, die angespült wurden, damit der Müll nicht zurück ins Meer gelangt.

Fahre Rad

Lege kurze Strecken mit dem Fahrrad zurück. Auf diese Weise hilfst du mit, den CO_2-Ausstoß zu reduzieren und aktiv gegen den Klimawandel vorzugehen – und bekommst mehr von deiner Umwelt zu sehen.

Fordere die Erwachsenen heraus

Bitte die Erwachsenen, die du kennst, dabei zu helfen, die Ozeane zu retten, indem sie ...

- ihre Häuser mit grünen, erneuerbaren Energien aus Sonne, Wind und Wasser heizen.

- ihren CO_2-Fußabdruck reduzieren und den Zug statt das Auto nehmen.

- Haushaltsabfälle recyceln, wiederverwerten oder sogar upcyceln (etwas Altes in etwas Neues verwandeln).

- dir zum Geburtstag nichts aus Plastik schenken, sondern ein Erlebnis (wie einen Besuch im Kletterpark).

- einen kleinen Garten anlegen und lokal einkaufen, sprich: auf kurze Transportwege der Waren achten.

- dir helfen, ein Banner herzustellen und an einer Klima-Demo teilzunehmen.

- eine der vielen Organisationen unterstützen, die sich für die Ozeane einsetzen.

DIE ZUKUNFT UNSERER OZEANE

Die Ozeane bedecken den größten Teil unseres Planeten. Sie sind voller Leben, das sich immer wieder seinen Weg bahnt. Doch die Ozeane brauchen unsere Hilfe, also teile dein Wissen und erzähle von ihren Wundern. Gemeinsam können wir die Ozeane retten!

GLOSSAR

ALGEN
Pflanzenähnliche Organismen wie Seetang, die keine Wurzeln, Stämme oder Blätter haben, meist im Wasser leben und sich mittels Fotosynthese vom Sonnenlicht ernähren.

ART
Eine Gruppe von Lebewesen, die sich miteinander, aber nicht mit anderen Gruppen fortpflanzt.

BARTE
Vom Oberkiefer eines Bartenwals (z. B. Blauwal) anstelle von Zähnen herabhängende Hornplatten, mit denen er Nahrung aus dem Wasser filtert.

BEDROHTE ARTEN
Tier- oder Pflanzenarten, die vom Aussterben bedroht sind.

BIODIVERSITÄT
Die Artenvielfalt auf der Erde oder in Teilen der Erde.

CO2-FUSSABDRUCK
Die Menge an Kohlendioxid oder anderen Treibhausgasen, die eine Person verursacht, indem sie etwas tut, das Energie verbraucht.

EBBE
Regelmäßiges Abfallen des Meeresspiegels. Zeitraum zwischen Hochwasser und Niedrigwasser.

ERNEUERBARE ENERGIEN
Energiequellen, die sich schnell erneuern oder unerschöpflich zur Verfügung stehen, wie Sonnen-, Wind- und Wasserenergie.

FLUT
Regelmäßiges Ansteigen des Meeresspiegels. Zeitraum zwischen Niedrigwasser und Hochwasser.

FOTOSYNTHESE
Prozess, bei dem grüne Pflanzen mittels Sonnenlicht Wasser und Kohlendioxid für sich selbst in Nahrung umwandeln und dabei Sauerstoff produzieren.

GEZEITEN
Wasserbewegungen der Ozeane, die durch die Anziehungskraft des Mondes und der Sonne verursacht werden.

GLETSCHER
Eine große Fläche aus dickem Eis, die das ganze Jahr über gefroren bleibt.

GRAVITATION
Auch Anziehungskraft. Eine Kraft in der Natur, die Dinge zu sich heranzieht.

HAFTORGAN (TANG)
Der Teil vom Seetang, der sich am Boden oder an Gestein im Ozean festhält, damit er an Ort und Stelle bleibt.

HANDELSROUTE
Wege an Land oder auf dem Wasser, die Menschen regelmäßig nutzen, um Dinge zu kaufen oder zu verkaufen.

HURRIKAN
Starker tropischer Wirbelsturm mit heftigem Regen und Wind, der sich mit 120 km/h und mehr vorwärtsbewegt.

ILLEGALE FISCHEREI
Fischfang, der laut den Gesetzen der Länder, die den Teil des Meeres kontrollieren, in denen er stattfindet, verboten ist.

KLIMAWANDEL
Weltweite Veränderung des Wetters, zuletzt verursacht durch menschliche Aktivitäten wie der Verbrennung fossiler Brennstoffe.

KONDENSATION
Übergang eines Stoffes von einem gasförmigen in einen flüssigen Zustand.

KONTINENT
Eine der 7 großen Festlandmassen der Erde.

KORALLENBLEICHE
Tritt ein, wenn Korallen die farbenfrohen Algen, die auf ihnen leben und sie versorgen, abstoßen (z. B. weil sich das Wasser durch den Klimawandel erwärmt hat). Die Korallen werden weiß und sterben.

LAICHEN
Fische, Frösche und Wasserschnecken, die ihre Eier (ihren Laich) im Wasser ablegen.

LEBENSRAUM
Die natürliche Umgebung einer Pflanze oder eines Tiers.

MONSUN
Regelmäßige Winde, die im Sommer feucht-warme Luft und langanhaltenden Regen aus südwestlicher Richtung aus dem Indischen Ozean und im Winter kühle und trockene Luft aus nordöstlicher Richtung aus dem Landesinneren bringen.

NACHHALTIGKEIT
Natürliche Bestände (Ressourcen) auf eine Art nutzen, dass sie für andere Menschen in der Zukunft auch noch zur Verfügung stehen.

NÄHRSTOFFE
Bestimmte Stoffe in der Nahrung, die Menschen, Tiere und Pflanzen brauchen, um zu leben und zu wachsen.

NAHRUNGSKETTE
Die Reihenfolge, in der Lebewesen voneinander abhängen (im Hinblick auf ihre Eigenschaft als Nahrung füreinander).

ÖKOSYSTEM
Eine Gemeinschaft von Lebewesen in ihrer Umgebung.

ORGANISMUS
Ein einzelnes Lebewesen.

POLAR
Alles, was mit dem Nord- oder Südpol zu tun hat.

POLYPEN
Korallenpolypen sind winzige Wassertiere mit einem weichen Körper und einer Mundöffnung, die von Tentakeln umgeben ist. Seeanemonen und Quallen sind in einem bestimmten Stadium ihrer Entwicklung auch Polypen.

RAUBTIER
Tiere, die andere Tiere jagen, um sich von ihnen zu ernähren.

ROCKPOOL
Von Menschen geschaffene Schwimmbecken direkt an der Küste, die von den Gezeiten überspült werden.

TREIBHAUSGASE
Gase in der Atmosphäre der Erde, die die Wärme an der Erdoberfläche halten.

TROPEN
Die Region der Erde, die dem Äquator am nächsten liegt.

VERDUNSTUNG
Der Übergang von flüssig zu gasförmig.

ZERSETZUNG (IM WASSER)
Passiert, wenn marine Organismen im Ozean sterben. Sie sinken zum Meeresboden, zersetzen sich und verwandeln sich in kleine, schwebende Leckerbissen, von denen sich andere Tiere ernähren.

REGISTER

Laurence King Verlag GmbH
Jablonskistr. 27, 10405 Berlin
www.laurencekingverlag.de

Laurence King ist ein Imprint der
Hachette Children's Group
Carmelite House, 50 Victoria Embankment
London EC4Y 0DZ
einem Unternehmen von Hachette UK
www.hachette.co.uk
www.hachettechildrens.co.uk

Illustrationen © 2021 Brendan Kearney

ISBN: 978-3-96244-178-4

Commissioning Editor: Leah Willey
Editor: Charlotte Selby
Gestaltung: Renata Latipova
Produktion: Davina Cheung

Für die deutschsprachige Ausgabe:
Übersetzung: Frederik Kugler
Lektorat: Anne Vogel-Ropers

Hergestellt in China, 2. Auflage 2021

Laurence King Publishing setzt sich für eine
ethische und nachhaltige Produktion ein.
Wir sind stolzes Mitglied des Book Chain Project®.
bookchainproject.com

Unser Dank für ihre fachkundige Beratung gilt
Dr. Zoe Jacobs vom National Oceanography Centre,
Southhampton, UK